CLÉMENCE ROBERT

EN COURS DE PUBLICATION

CHEZ LE MÊME LIBRAIRE

MÉMOIRES DE NINON DE LENCLOS

PAR EUGÈNE DE MIRECOURT

60 livraisons à 25 centimes, avec gravures.
18 fr. l'ouvrage complet par la poste.

OUVRAGE TERMINÉ

CONFESSIONS DE MARION DELORME

PAR EUGÈNE DE MIRECOURT

60 livraisons à 25 centimes, avec gravures.
18 fr. l'ouvrage complet par la poste.

PARIS. — IMP. SIMON RAÇON ET COMP., RUE D'ERFURTH, 1.

CLÉMENCE ROBERT

LES CONTEMPORAINS

MADAME
CLÉMENCE ROBERT

PAR

EUGÈNE DE MIRECOURT

PARIS
GUSTAVE HAVARD, ÉDITEUR
15, RUE GUÉNÉGAUD, 15
1856

L'auteur et l'éditeur se réservent le droit de traduction
et de reproduction à l'étranger.

CLÉMENCE ROBERT

Il est dans nos habitudes, au commencement de chaque notice, de parler de l'enfance de nos personnages. Une difficulté se présente aujourd'hui. L'héroïne de ce volume n'a pas eu d'enfance.

Grave et sentencieuse à son aurore, nous la voyons déclarer qu'à sept ans révolus elle abandonnera la corde, la poupée, les raquettes, et tous les jeux en usage parmi ses compagnes.

Elle tient parole avec une rigoureuse exactitude.

L'heure arrive. Notre bambine prend sa grande poupée *Adèle* entre ses bras, lui donne un baiser d'adieu fort tendre, et la relègue au fond d'une armoire ténébreuse, d'où jamais elle ne doit plus sortir.

C'était un petit cerveau très-héroïque et très-incandescent que celui de mademoiselle Clémence.

Des maîtres lui furent donnés.

Elle s'enfonça dans les chemins raboteux de la syntaxe et se prit de passion pour le vieux prêtre qui lui révélait les mystères des verbes.

Depuis, dans le transport qu'excite en elle ceux qui répandent quelque rayonnement sur l'intelligence humaine, il lui est arrivé plus d'une fois d'égarer ses sympathies et de couronner certains anges de ténèbres d'une auréole imprudente.

Mais n'anticipons pas sur notre histoire.

Une fois ses leçons apprises, Clémence, fille d'un juge suppléant au tribunal de Mâcon [1], n'oubliait pas, chaque matin, de guetter le départ de son père, qui s'en allait en robe au tribunal.

[1] Elle est compatriote de Lamartine. La date de sa naissance remonte à peu près à l'époque où le poëte pleurait en Italie la mort de *Graziella*. Calculez! Nous n'avons rien à dire de plus. Jamais nous ne feuilletons, pour les femmes, le registre indiscret de l'état civil.

Quand il avait tourné la rue voisine, elle prenait en toute hâte possession de son cabinet.

Là se trouvait une bibliothèque assez vaste, garnissant tout le fond de la pièce.

Au bas s'alignaient de lourds volumes de droit, et tout en haut, sur les rayons supérieurs, perchaient les ouvrages de littérature.

Cet obstacle n'arrêtait point la jeune fille.

Roulant vers la bibliothèque un grand fauteuil de maroquin vert, elle plaçait une chaise sur ce fauteuil, grimpait sur le dossier de la chaise, et atteignait ainsi les œuvres de Montesquieu, de Voltaire et de Rousseau.

Tous ces livres et beaucoup d'autres encore servirent de pâture à son âme, à une époque où l'étude du catéchisme eût été plus urgente.

Et voilà comment le défaut de surveillance des familles engendre ces bas bleus hardis que nous voyons, dans ce siècle de littérature à *vingt centimes,* jeter au sein des masses populaires tant de divagations dangereuses.

A l'heure où l'audience devait finir, notre lectrice intrépide quittait son échafaudage, beaucoup plus par fatigue que par crainte d'être grondée.

Son excellente mère était malheureusement un peu faible, et le magistrat lui-même élevait sa fille avec des louanges et des caresses.

Jamais un mot de compression ne venait peser sur cette jeune intelligence. On trouvait beau et bon tout ce qu'elle faisait ; on la laissait parler, raisonner de toutes choses, à tort comme à travers, et cette habitude folle a passé naturellement de la jeune fille à l'écrivain.

Mademoiselle Clémence, en lisant l'histoire moderne, se prit d'enthousiasme pour le libéralisme.

— Ah çà, demandait-elle au juge suppléant, pourquoi n'établit-on pas chez nous une république ?

— Parce que c'est impossible, répondait celui-ci.

— Mais pourquoi est-ce impossible? pourquoi? s'écriait-elle avec fougue.

Son père entrait alors dans toutes sortes d'explications et faisait valoir des arguments que la jeune fille se permettait de trouver détestables.

Chaque battement de son cœur continua d'accompagner les efforts des peuples vers le principe d'émancipation.

Le goût de la poésie succéda chez mademoiselle Clémence au goût de la lecture. Dans ses cahiers d'analyse et sous son carton de dessin venaient se glisser, de temps à autre, certaines feuilles mystérieuses chargées de rimes et contenant les timides inspirations de sa muse.

Presque tous les écrivains, à leur début, veulent boire à l'Hippocrène.

Il est rare que la poésie n'ait pas leur premier culte. L'action ne vient qu'après le rêve. On sent avant d'agir ; on aime avant de vivre.

Mademoiselle Clémence composait ses vers dans le jardin paternel.

Continuellement on la trouvait grimpée soit dans le berceau de vigne, soit au sommet du hangar; soit au milieu des branches du vieux noisetier qui tapissait l'angle du mur. Il lui fallait toujours une hauteur, un parnasse quelconque.

Sa mère disait :

— Jamais on ne doit chercher cette petite fille par terre.

Aujourd'hui nous répéterons le mot dans un autre sens, et nous dirons :

Ne cherchez pas notre héroïne sur les surfaces planes et droites du sens commun.

Son cœur honnête voudrait l'y retenir.

Mais une imagination que, dès son jeune âge, on a laissée sans bride, l'emporte éternellement sur les falaises escarpées du paradoxe, au milieu des brouillards démocratiques et sociaux.

En attendant, mademoiselle Clémence grandissait.

L'enfant avait joui d'une liberté sans bornes ; il fallut que la jeune fille acceptât quelques entraves et se pliât aux lois de la vie de province.

Comme toutes les personnes de son âge et de sa condition, elle s'occupa presque exclusivement de toilette, de soirées et de parties de campagne.

Si elle faisait des vers, c'était en cachette. On ne tolère pas, en province, qu'une femme écrive.

Mademoiselle Robert s'ennuyait mortellement et devenait fort triste.

Dans un volume de pièces fugitives, publié chez Janet vers 1839, nous trouvons les strophes suivantes, que nous demandons à reproduire. Elles montrent la nature de ses impressions d'alors.

. . . .
A cet âge où l'on porte un grand chapeau de paille,
Une robe à la vierge aux plis légers et frais,
Un simple ruban bleu qui se noue à la taille,
Une croix d'or au cou, — vers douze ans à peu près;

En voyage à Lyon, je visitais Loyasse,
Superbe cimetière, et qui, de sa hauteur,
Jette sur la cité, que le regard embrasse,
L'ombre des noirs cyprès dans toute sa grandeur.

Seule, je parcourais ce cloître de feuillage,
Ce séjour d'éternel et saint recueillement,
Quand un frisson subit en moi se fit passage,
Et je sentis quelqu'un m'arrêter doucement:

Sur un gazon brodé de roses cinéraires,
Près de là reposait une tête de mort;
Comme je traversais les funèbres parterres,
Elle avait accroché ma robe par le bord;

Son aspect était bon. Elle semblait me dire :
« Reste ici, pauvre enfant! Il est stérile et vain
De fatiguer tes pas à voir, pour en sourire,
Le peu qu'une existence enferme dans son sein.

« Sur le sentier pénible où le destin t'envoie,
Chaque instant de plaisir est payé par des pleurs!
La tristesse, ici-bas, l'emporte sur la joie;
La vie est un néant paré de quelques fleurs.

« Ici plus de chagrin que le deuil éternise,
Et ce signe pieux qu'à nos tombes tu vois
Annonce qu'en touchant à la terre promise
Chacun dans cet asile a déposé *sa croix.* »

J'entendais ce langage, et, toute jeune fille,
Je comprenais la paix et le repos des morts!...
Mais tout à coup ma mère apparut à la grille,
Et le soleil pourpré rayonnait au dehors.

Depuis, combien de fois, songeant à cette tête,
Que je vis, ce jour-là, blanchir sur le gazon,
J'entendis des conseils au milieu d'une fête!
La mort du cimetière, hélas! avait raison.

Ces voyages dans la seconde ville de

France étaient l'unique distraction de mademoiselle Robert. Ils se renouvelaient presque tous les six mois, sans avoir la puissance de la tirer de sa torpeur mélancolique.

Elle se regardait comme une victime vouée à l'abattoir, et qu'on endort d'un coup de massue avant de la saigner avec le couteau.

Le coup de massue, pour elle, était représenté par les habitudes et les mœurs de sa ville natale, qui engourdissaient toutes les facultés de son âme, toutes les aspirations de son génie, avant de les éteindre sous la glace de l'hyménée.

Heureusement cet épouvantable et dernier malheur ne vint point frapper mademoiselle Robert.

Amie de l'indépendance, elle ne voulut jamais subir un maître, déclarant que, sous aucun prétexte, elle n'accepterait les rudes épreuves de la vie conjugale.

En 1830, son frère, M. Henri Robert, très-connu et très-distingué dans les arts mécaniques, vint s'établir à Paris.

Il y appela sa sœur, en voyage d'agrément.

A peine la jeune fille eut-elle quitté la Bourgogne, que le vieux magistrat son père mourut de mort subite. La veuve ne tarda pas à rejoindre ses deux enfants.

Dès lors il fut décidé qu'on ne retournerait point en province.

Pour Clémence l'horizon n'était plus le même. Les spectacles, les cours publics, les étalages de libraires, tout lui annonçait que dans la capitale il était permis de penser, de parler, d'écrire.

Elle se hâta d'user du privilége.

Sa vocation pour la plume revint au galop. Cette vocation, chez elle, était si prononcée, que souvent elle a dit :

— Si j'étais née tout à fait pauvre, je me serais efforcée de gagner mon pain dans la littérature, et, si le ciel m'eût fait naître princesse, écrire aurait été mon seul bonheur.

Il n'y a rien à répondre à cela.

Son frère était lié d'une façon très-intime avec le comte Achille de Jouffroy, auquel nos théâtres doivent le *Vampire* et quelques autres drames de cette force.

M. de Jouffroy était surtout l'auteur d'une masse d'entreprises extravagantes, qui vingt fois ont détruit et relevé sa fortune comme un château de cartes.

Le comte venait de commencer une histoire de France, que de nouveaux projets industriels ne lui laissaient pas le temps de finir.

Aussi excellent homme que peu sensé, il se décide à confier ce travail à la sœur de son ami.

En conséquence, il détermine à quel point de vue doit se placer la jeune historienne pour que la fin de l'œuvre ne soit pas en désaccord de principes avec le commencement. Cela fait, il donne à sa collaboratrice tous les matériaux voulus, l'installe dans une bibliothèque immense, et va tranquillement à d'autres affaires.

Notre héroïne s'apprêta donc à débuter par un monstrueux in-folio.

C'est-à-dire *débuter* n'est pas le mot. Jouffroy lui avait déclaré qu'elle ne signerait point l'ouvrage. On connaissait déjà dans les lettres ce commerce honorable que l'auteur de *Monte-Christo* développa, depuis, sur une si large échelle.

Mais qu'importe? mademoiselle Clémence est dans le ravissement.

Son œil contemple avec délice chacun de ces feuillets qui se couvrent de pattes de mouche sous ses doigts. De chapitre en chapitre elle berce ses rêves littéraires, et se trouve heureuse de griffer un peu de la plume ces abominables despotes qui, depuis Pharamond, nous ont donné quatorze siècles de gloire.

Le comte historien avait son hôtel sur le quai Malaquais.

Clémence arrivait là, chaque jour, de très-bonne heure, et travaillait jusqu'à la nuit.

Mais, ô surprise douloureuse ! — Un matin elle trouve les portes closes. Tout est saisi dans l'hôtel, meubles et bibliothèque. Sa chère histoire elle-même est sous le scellé.

Plus d'espérance! feuillets et chapitres vont être vendus à l'encan.

Jugez de la déconfiture!

Accablée d'abord par la ruine fatale de son collaborateur, mademoiselle Clémence recouvre bientôt de l'énergie. Elle déclare qu'à partir de ce jour elle écrira pour elle-même histoire, poésies, romans, articles de mœurs, en un mot tout ce qui se présentera sous sa plume.

En ce temps-là, un messie femelle était descendu sur terre.

Il se nommait Fanny Richomme.

Sa mission principale consistait à émanciper le beau sexe et à lui ouvrir le domaine de la littérature, que le sexe laid et barbu voulait accaparer pour lui seul.

En conséquence, Fanny Richomme créa le *Journal des Femmes.*

Dans cette revue hebdomadaire, les cotillons seuls étaient admis. Jamais une botte n'eut l'audace de franchir le seuil du temple.

Ce fut là que mademoiselle Robert apporta tout son bagage.

La directrice du journal accueillit parfaitement l'auteur et prit la femme pour amie.

Tous les obstacles s'aplanirent ; les

œuvres de notre bas bleu s'imprimèrent, et l'éditeur, Ambroise Dupont, cédant aux instances de madame Tastu, s'empressa de demander à mademoiselle Clémence un roman en deux volumes, qu'il décora de ce méchant titre : *Une famille, s'il vous plaît!*

La publication n'eut aucun succès.

- On n'acheta point l'ouvrage ; par conséquent il fut peu lu. Mais l'auteur ne s'en tourmenta guère.

Ses amis eurent beau lui affirmer que d'un premier livre dépendait toute la carrière d'un écrivain, mademoiselle Clémence n'en crut pas un mot.

Elle ne s'attrista nullement de son

échec, et lut sans pâlir les comptes rendus peu flatteurs du journalisme, disant avec une tranquillité parfaite que, si le public ne voulait point de ce livre-là, elle lui en ferait bien d'autres.

Là-dessus encore, nous vous le certifions, elle a tenu largement parole.

Toujours elle s'est montrée fort peu sensible au blâme littéraire, et cela par modestie peut-être plutôt que par indifférence. Elle écrit d'instinct, pour le plaisir même d'écrire. Le goût de la plume est chez elle une véritable passion ; mais il ne lui vient pas à l'esprit de grossir l'importance de ses œuvres au point de manifester un grand courroux à ceux qui ne les déclarent pas sublimes.

Mademoiselle Robert acceptera sans se plaindre des articles à la Janin, sournois, injustes ou railleurs. Seulement, si vous touchez à ses rêves politiques [1], ou à ses deux fétiches, représentés par madame George Sand et Eugène Sue, gare à vous !

Dans son bon petit cœur, elle vous souhaitera la peste ; elle vous expédiera même à Cayenne, si faire se peut.

Nous désirons, pour ce qui nous con-

---

[1] Il nous souvient de certain dîner, rue de l'Ancienne-Comédie, n. 7, auquel assistait Clémence Robert. Un homme d'esprit, Gabriel, auteur de deux ou trois cents vaudevilles, s'étant permis, au dessert, de turlupiner le système rubicond, la demoiselle, douce, modeste et très-convenable jusque-là, se mit à éclater comme une bombe et pétrifia tous les convives par une sortie violente contre l'audacieux.

cerne, que le triomphe démocratique et social n'apporte jamais à mademoiselle Robert une part d'influence dans les choses de ce monde. Peut-être ne pousserait-elle pas la rancune jusqu'à la déportation ; mais, à coup sûr, elle nous ferait payer nos attaques contre le père du *Juif-Errant* et contre la mère de *Lélia*.

Quoi qu'il arrive, mademoiselle, nous vous dirons la vérité, comme nous l'avons dite à vos idoles.

Vous êtes sur la liste des écrivains démolisseurs de ce temps-ci, et, franchement, ce n'est pas là votre plus beau titre de gloire.

A l'exemple de bien d'autres, vous faites de la liberté qui descend, jamais de la liberté qui monte. Vous ne prenez pas à tâche d'élever le peuple jusqu'à nous, ce serait trop simple et pas assez révolutionnaire, comment donc !

Il vaut mieux nous forcer à rétrograder jusqu'à lui, car alors il y a nécessairement trouble, résistance et bataille.

Depuis le premier jusqu'au dernier, vos livres n'ont qu'un but : préconiser les classes d'en bas au détriment de celles d'en haut.

Si l'on daigne vous en croire, toutes les vertus, tous les sentiments nobles, sont chez le peuple, et le reste de la société se compose d'un tas de vauriens, bons à pendre [1].

---

[1] Mademoiselle Robert est d'une grande bonne foi

Ceci explique votre succès, mademoiselle.

Pour l'obtenir, vous n'avez eu besoin ni de style ni de logique. Une certaine habileté d'agencement, du gros drame, beaucoup de flatteries populaires, et servez chaud !

La recette est d'une simplicité merveilleuse.

Il faut le dire pourtant, vous avez droit, sur un point, à nos égards et à notre indulgence. Au milieu de vos divagations politiques les plus répréhensibles, vous conservez le sentiment chrétien. Vous refusez de prendre en tout madame Sand

dans le développement de ce paradoxe, et l'autographe qui termine ce volume en donne la preuve.

pour modèle, et sur votre corsage on n'aperçoit pas la casaque de Voltaire.

En un mot, vous restez à peu près évangélique.

Vous démolissez à genoux ; mais ce n'en est pas moins démolir, et des mains vouées aux fuseaux ne sont point faites pour ce rude métier de maçon.

Clémence Robert ne se lança pas tout d'abord dans l'arène démocratique et sociale.

En feuilletant son premier livre, si mal accueilli, nous trouvons des pages tout à fait anodines, où elle ne s'écarte point de sa nature de femme, c'est-à-dire du domaine de la philosophie tendre et de l'observation gracieuse.

Nous citons au hasard :

« L'isolement est un mal de nos jours. Sans parler des êtres d'exception, des âmes d'élite qui ont peine à rencontrer leur égale dans ce monde, vous trouverez beaucoup de gens tourmentés en vain d'un besoin de sympathie et de communion éternelle. Souvent, dans une seule soirée, pour peu que vous soyez voué par une physionomie avenante à l'honneur des confidences, vous entendrez dire à la jeune fille qui s'approche de l'embrasure de la fenêtre pour voir le givre sur les arbres, la lune courir dans les nuages, et pour causer en liberté :

« — Mon cœur s'ennuie ; mais je ne

sais à qui le donner. Je crains de me tromper.

« A cet homme qui baisse la voix au milieu d'une conversation générale :

« — On m'accuse d'inconstance ; mais, en vérité, je n'aurais jamais changé, si j'eusse rencontré la femme aimante et fidèle que j'ai vainement cherchée.

« A cette jeune femme qui effeuille son bouquet entre deux contredanses :

« — Il me semble que la moitié de mon âme est errante dans l'univers et que je dois un jour la rencontrer.

« Le domaine de la vie morale est pauvre et sans couleur. Êtres incomplets eux-mêmes, la plupart de ceux qui l'habitent n'ont que de chétifs et misérables sentiments à y faire entrer. Quant aux êtres supérieurs, à ceux dont l'âme porte un sentiment infini, une passion immense, de saints mystères, de mélodieuses douleurs, ils se hâtent de les verser dans un livre, dans une œuvre d'art, et n'en gardent rien pour eux. L'homme qui nous a donné les plus riches productions d'amour et de génie se montre souvent bien sec et bien dépouillé. La fleur de poésie ne tient pas à sa tige.

« Cette sympathie parfaite, si rare, à l'époque présente, en amour comme en amitié, le grand nombre d'amis, de frères d'armes célèbres dans l'histoire nous montre qu'elle était bien plus connue autrefois. C'est qu'alors loyauté, valeur, piété, composant toute perfection, il suffisait de se rencontrer dans ces trois points pour être toujours unis. Maintenant nous sommes des êtres si compliqués, si multiples, grâces aux greffes de la civilisation, qu'il faut mille conditions, mille points de rapport, pour que l'harmonie soit complète ; il faut mêmes principes religieux, même opinion politique, littéraire et artistique ; il faut que la corolle à cent feuilles trouve une autre fleur de la création qui lui ressemble. »

Ce premier livre, dont Ambroise Dupont vendit à peine cinquante exemplaires, trouva néanmoins de fervents admirateurs.

Hippolyte Morvonnais, poëte breton,

mort dans la force de l'âge et du talent, dédia toutes ses poésies à Liane, héroïne de l'œuvre, et qui n'est rien autre que mademoiselle Clémence, photographiée par elle-même.

Un autre personnage plus célèbre, l'auteur d'*Obermann*, accueillit notre bas bleu, et lui donna force applaudissements.

Il poussa l'enthousiasme jusqu'à écrire sur *Une famille, s'il vous plaît*, quelques articles pleins d'éloges.

Mademoiselle Robert en fut très-reconnaissante.

Une lettre d'elle, adressée, vers 1847, à madame Récamier, contient ce passage :

« Au fond de la rue de la Cerisaie, à la

place même où les rois de France, habitant l'hôtel Saint-Pol, se reposaient à l'ombre de leurs cerisiers, un autre roi, un *roi de l'intelligence,* se reposait à son tour. »

Permettez, mademoiselle !

Roi du paradoxe tant qu'il vous plaira; *roi de l'irréligion,* d'accord; mais *roi de l'intelligence !* voici qui devient inacceptable.

Madame Récamier, et Chateaubriand, s'il était là pour écouter la lecture de votre missive, ont dû sourire de la phrase.

L'auteur d'*Obermann,* ou M. de Sénancourt, puisqu'il faut l'appeler par son nom, philosophe aux vues rétrécies et mesquines, sorte de Voltaire pygmée, écho rabâcheur des encyclopédistes, vivait en même temps que Ballanche.

Il était, dans la négation du dogme religieux, ce que Ballanche était dans l'affirmation de ce même dogme.

Sénancourt un roi de l'intelligence !

Comment donc appellerez-vous Ballanche lui-même, Chateaubriand, Bossuet, Fénelon, Pascal, Origène, Tertullien, tous les génies sublimes qui ont salué le drapeau du catholicisme ?

Vivants ou morts, croyez-vous que ces grands hommes n'aient pas le droit de dire à votre Sénancourt et à ses pareils :

— Taisez-vous, maroufles ! et croyez, puisque nous avons cru !

Ce triste Obermann était paralytique depuis l'âge de vingt-quatre ans.

Un jour il se laissa choir dans un torrent de la Suisse, à l'époque de la fonte des neiges. Le flot glacé l'entraîna jusqu'à la base de la montagne.

Il se releva vivant, mais perclus à tout jamais.

Ses jambes se montraient complétement inactives ; sa main pouvait à peine manier une plume, et son cerveau, quoi qu'on puisse dire, se ressentait de la paralysie générale.

C'était une espèce de Scarron, moins l'esprit et la gaieté.

Fort peu de personnes le visitaient dans

sa retraite. Il avait un caractère sombre. Mademoiselle Clémence fut accueillie, parce que Sénancourt trouvait en elle certaines dispositions méditatives et une *tristesse volontaire*, qu'il appelait le plus *parfait état de l'âme*.

Cet ermite de la philosophie, ce moine de l'incrédulité, composait alors un long ouvrage, dans lequel il achevait de développer les doctrines d'*Obermann*. De son vivant, il lui fut impossible de trouver un éditeur, et mieux eût valu qu'on n'en trouvât point après sa mort.

Virginie de Sénancourt, fille du solitaire, cultivait elle-même la littérature.

Elle faisait les honneurs du salon paternel, salon presque vide, où, dans l'espace de quinze années, et en dehors du petit nombre des amis intimes, on ne reçut que deux visites illustres, celle de M. Villemain, ministre de l'instruction publique, et celle de madame George Sand.

M. Villemain, sachant que l'auteur d'*Obermann* avait dissipé dans sa jeunesse une belle fortune, et vivait alors dans un état voisin de la médiocrité, jugea convenable de lui offrir, en récompense de ses nobles travaux philosophiques, une indemnité annuelle sur les fonds destinés aux lettres.

Il apporta lui-même le titre de cette pension, que M. de Sénancourt n'avait point sollicitée.

Quant à madame Sand, elle était tout simplement curieuse de voir Obermann.

Sa visite se passa d'une façon très-bizarre.

Le philosophe, silencieux et digne, attendait qu'elle parlât pour lui répondre. Or, à ce qu'il paraît, madame Sand ne commence jamais l'entretien avec les personnes qu'elle voit pour la première fois.

Quant à Virginie de Sénancourt, elle n'osa pas rompre le silence.

On se regarda quelques minutes. Un salut cérémonieux s'échangea, puis la visiteuse partit sans avoir proféré un seul mot.

Vers cette époque, mademoiselle Robert

fréquentait un autre cercle, où les langues se déliaient plus facilement.

C'était le cercle de madame Tastu.

Là, rien ne ressemblait à la retraite morne et soporifique d'Obermann. Une foule nombreuse envahissait les salons, et la maîtresse du logis répandait autour d'elle une gaieté douce et communicative.

Jamais de conversations sérieuses.

Redoutant le choc des opinions politiques, madame Tastu recommandait expressément qu'on dît *beaucoup de bêtises*, et chacun lui obéissait avec scrupule.

Il y avait là :

M. Tastu, l'époux de la Muse, un intrépide causeur ;

Le vieux Tissot, du Collége de France, presque centenaire, toujours endetté, toujours fidèle à sa vie décousue, et à cette chère république, dont on peut dire qu'il a été le Diogène et le Nestor;

Adolphe Dumas, qui déplorait amèrement le malheur d'avoir un homonyme si discrédité dans les lettres;

Raymond Brucker, poëte, romancier, publiciste, un des rares disciples de Fourier qui aient eu le courage de braver le respect humain, de confesser la sottise de ses utopies et de se prosterner devant la croix;

Enfin madame Gatti de Gamont, une étrange femme, dont fort heureusement la société n'offre pas beaucoup de modèles.

Mariée et mère de deux filles, elle vint à Paris se jeter à corps perdu dans le fouriérisme, prodiguant sa fortune au phalanstère et se faisant proclamer *reine de Citeaux*.

Elle se ruina de la façon la plus complète, se vit repoussée par les apôtres mêmes de la doctrine, composa des drames, alla demander à la porte des théâtres un morceau de pain que les théâtres lui refusèrent, et s'en retourna mourir, avant quarante ans, misérable et perdue, dans la Belgique, sa patrie.

Le salon de madame Tastu passait pour être un salon littéraire ; cependant les écrivains y étaient en très-petit nombre.

Jetée dans les lettres par sa position

de femme de typographe et par nécessité de fortune, l'auteur de l'*Ange gardien* n'avait ni les prétentions extravagantes ni les ridicules du bas bleu.

Sa nature simple et raisonnable ne s'écarta jamais des idées tracées, de la ligne droite, de la morale convenue.

Ne renonçant sous aucun prétexte au sanctuaire de la famille, elle préférait de beaucoup son fils à ses livres, son bonheur domestique à sa renommée de poëte.

Si elle prisait un peu le retentissement du nom, c'était pour l'aisance qu'il apportait au ménage.

Tout en faisant bon accueil aux cinq ou six littérateurs épars dans son cercle, madame Tastu ne les aimait guère. Elle affectionnait beaucoup plus ses amis les bourgeois et les bourgeoises.

Mais revenons à notre héroïne et à ses œuvres.

Après la publication de son premier livre, mademoiselle Robert ayant déclaré hardiment qu'elle en *ferait bien d'autres*, plus de quatre-vingt-dix volumes, publiés sans interruption, justifièrent cette annonce, ou, si vous l'aimez mieux, cette menace de fécondité.

La *Presse* accueillit à bras ouverts, dans son feuilleton, la *Duchesse de Chevreuse* et *Jeanne la Folle*.

Bientôt le *Siècle* eut son tour. Il donna le *Marquis de Pombal* et *William Shakspeare*.

Puis l'avalanche gagna les autres journaux. La *Patrie*, l'*Esprit public*, la *Liberté*, le *Globe*, l'*Estafette*, la *République*, le *Pays* et le *Constitutionnel* furent envahis successivement par la prose de mademoiselle Clémence.

Nous n'avons pas ici l'espace nécessaire pour donner la liste complète de ses romans.

Le lecteur voudra bien nous permettre de ne mentionner que les principaux.

En conséquence, nous citerons parmi les romans historiques : le *Pasteur du peuple* (Vincent de Paul), — le *Tribunal secret*, — *Mandrin*, — les *Tombeaux de Saint-Denis*, — *Peuples et Rois*, — et les *Quatre Sergents de la Rochelle*.

Ce dernier livre se vendit, dans les publications à vingt centimes, au chiffre énorme de cent soixante mille exemplaires.

Parmi les romans de mœurs, les plus connus sont les *Deux Sœurs de charité*, — le *Fou de la Bastide*, — le *Pauvre Diable*, — les *Mendiants de Paris*, — et les *Anges de Paris*, dont chaque abonné de l'*Estafette* savourait encore, il y a quelques mois, les interminables épisodes.

Nous avons vu des hommes de style et de talent s'arracher les cheveux avec désespoir et crier :

« Mais enfin, nous expliquera-t-on le succès de mademoiselle Robert? »

Il est aussi facile à expliquer, messieurs, que celui d'Eugène Sue et d'Alexandre Dumas.

C'est l'histoire des épices dans la cuisine, voilà tout.

Le public a faim : servez-lui, sur la table du journalisme, des mets reconnus indigestes, mais fortement assaisonnés de poivre, il les mange, messieurs !

Bien plus, il prend goût à ce banquet dangereux et n'accepte plus de nourriture salubre.

Il absorbe surtout avec délice les aliments que lui sert la propagande républicaine, peu soucieuse, comme bien vous le pensez, de cuisine délicate, de beau style et de bons livres.

Un éditeur quelconque, enchanté de se trouver avec son auteur en accord parfait de sentiments et de doctrine, lui achète ses livres, se glisse dans les bureaux de rédaction, chauffe la camaraderie, donne chaque volume au rabais, et les journaux sont pris universellement à cette manœuvre.

Voilà, n'en déplaise à Gabriel Roux, le succès de Clémence Robert expliqué.

Gabriel Roux est un fort digne homme. Il ne laissera jamais un littérateur dans la détresse; non certes! il lui commandera deux, quatre, six romans, et les payera rubis sur l'ongle, en se réservant le droit de propriété absolue.

Mais priez Dieu que, sur le chemin de

votre œuvre la mieux étudiée et la plus littéraire, un feuilleton comme celui des *Sergents de la Rochelle*, par exemple, ne vienne point à s'offrir.

Inévitablement mademoiselle Clémence aura le pas sur vous.

Le journalisme, alléché par la vente de la rue, vous enverra paître, et l'éditeur, vu la rareté des moyens de placement, laissera dormir ses autres manuscrits payés, mais non politiques, au fond d'une armoire poudreuse.

Demandez plutôt à Méry, dont toutes les œuvres ont été victimes de ce système d'enterrement.

Une ressource unique reste aux écrivains opprimés par la littérature de carrefour. Notre devoir est de l'indiquer. La voici :

Rachetez la propriété de vos œuvres, et payez-la plus cher que vous ne l'avez vendue.

Nécessairement, vous y gagnerez encore.

Par tout ce qui précède, on s'explique à merveille comment notre héroïne peut, année courante, publier huit ou dix volumes, sans avoir besoin de solliciter les rédacteurs en chef, et sans mettre le pied sur le seuil d'un journal.

A présent que justice est faite et que toutes vérités sont dites, accordons à mademoiselle Robert, non pas un mérite de style, mais de véritables qualités dramatiques, une grande facilité de dialogue, une puissance d'intérêt qu'il est impossible de méconnaître.

Une chose inouïe et tout à fait exceptionnelle dans le genre, c'est que jamais elle n'a fait de livres de femme.

Son encrier ne contient pas une goutte, pas une gouttelette d'eau de rose.

Ouvrez ses œuvres; cherchez, sur la foi des traités, quelques naïves et douces histoires, des scènes intimes, des passions tendres, vous trouvez des luttes sanglantes entre moines et bandits, des siéges de places fortes, des forêts sinistres, des châteaux pleins d'horreur, le fer, le feu, le poison, le diable et son train.

Parfois, si elle sort des chausse-trapes, des meurtres et des batailles, c'est pour se livrer à ses chères divagations politiques.

Les Aristarques judicieux ont beau lui dire qu'elle se *mêle de ce qui ne la regarde pas,* elle se moque des Aristarques, dépeint ce qu'elle n'a jamais vu, raisonne de choses qu'elle ne peut connaître, persiste à ne point regarder ce qui l'entoure, et saute par-dessus la vie réelle pour voyager dans le pays des chimères.

Il en résulte que ses romans de mœurs excellent par l'inobservation, l'invraisemblance et la maladresse.

Un des plus grands plaisirs de mademoiselle Robert est de poétiser les monstres. On nous a montré jadis une femme qui s'était écriée naïvement, après la lecture de *Mandrin* :

« Je ferais des folies pour cet homme-là, s'il vivait encore ! »

En vérité, c'est un beau triomphe pour l'auteur et pour la morale.

On va peut-être refuser de nous croire ; mais nous sommes obligé de convenir que mademoiselle Robert est une personne charmante, qui a du monde, et dont les manières sont remplies de douceur, d'affabilité, de politesse et de grâce.

Impossible de comprendre l'écrivain quand on entend parler la femme.

Nous renonçons à expliquer le phénomène.

A l'époque des premières publications de notre héroïne, d'intrépides plagiaires (ils mériteraient bien de voir ici leur nom reproduit en toutes lettres!) se mirent à copier nombre d'articles d'elle et à les signer sans vergogne.

Ils poussèrent l'audace, — d'autres diraient la vaillance, — jusqu'à prendre à ses romans des chapitres entiers, ligne pour ligne et mot pour mot.

La contrefaçon ne s'arrêta pas aux livres, elle s'étendit jusqu'à la personne.

— Mademoiselle Clémence Robert, s'il vous plaît? demande, un jour, certain monsieur bien mis, s'adressant à un concierge de la rue Taranne.

— Elle ne reçoit pas, répond celui-ci d'un ton bref.

— Pardon!... Faites-lui passer ma carte; elle me recevra, j'en suis certain.

Le monsieur prenait un air conquérant très-significatif.

— C'est impossible, dit le cerbère. Mademoiselle travaille. Il faut lui écrire. On n'entre qu'avec une lettre d'audience.

— Bah! fit l'inconnu. Vite une plume et de l'encre, alors!

Cinq minutes après, Clémence Robert parcourait d'un œil ébahi le poulet sui vant, que venait de lui monter le concierge :

« Mademoiselle,

« J'arrive de *Lille*. Ce mot seul doit suffire, et vous comprendrez le but de ma visite, sans qu'il soit besoin de vous donner mon nom. Je veux bien attendre que vous fixiez le moment où il vous plaira de m'accueillir, et cela malgré mon droit incontestable d'entrer chez vous à toute heure. »

— L'impertinent ! s'écria mademoiselle Robert.

— Que faut-il répondre ? demanda le concierge.

— Dites que je ne suis jamais allée à

Lille, jamais! dites que je n'y connais pas une âme! Ceci me paraît une raison suffisante pour que ceux qui arrivent de cette ville ne soient reçus chez moi, ni à une heure ni à l'autre.

Cette réponse fut portée textuellement au monsieur bien mis.

Il poussa des exclamations de colère, ressaisit la plume, et traça d'une main frémissante :

« Je vous trouve bien audacieuse de renier ainsi le passé! L'amour s'efface, mademoiselle ; mais le reçu des sommes que vous avez puisées dans ma caisse ne s'effacera pas aussi aisément. Je trouverai moyen de me faire reconnaître! »

Pour le coup, c'en était trop.

Mademoiselle Robert prit une plume à son tour, et le concierge descendit la réponse suivante :

« Monsieur,

« Puisque vous avez des *reçus* de la dame dont vous avez tant à vous plaindre, veuillez confronter l'écriture de cette dame avec la mienne, et... laissez moi tranquille !

« CLÉMENCE ROBERT. »

Il paraît que l'épreuve fut décisive.

Le monsieur repassa la grille et ne revint plus.

C'était un provincial naïf, séduit, quelques mois auparavant, par la lecture de *Jeanne la Folle* dans la *Presse*. Une intrigante, parée des plumes du paon, lui avait tout à la fois escamoté son cœur et sa bourse.

La vie littéraire fourmille de semblables épisodes.

Nous feuilletons pour la seconde fois le volume de poésies publié chez Janet par mademoiselle Robert, et nous y cherchons galamment quelques rimes passables, afin de la dédommager de notre critique sur sa prose.

Au milieu d'une quantité de silhouettes, prises dans Paris ancien et dans Paris moderne, voici ce que nous trouvons de meilleur.

C'est une esquisse rapide du jardin des Tuileries.

Un beau jour resplendit. Le vent aux longs murmures,
Qui descend à travers les marronniers épais,
Nous apporte du sein de leurs vertes ramures
Les parfums du printemps, la fraîcheur et la paix.

Passez, femme du jour, que suit l'idolâtrie !
Des palmes d'ici-bas cueillez la plus fleurie.
Passez, jeune élégant, relevant en chemin
Vos cheveux dérangés par quelque douce main !
Passez, jolis enfants ! Menez la danse folle
Autour des verts gazons ; voltigez, gazouillez ;
Jetez aux flots des airs votre corde qui vole,
Vos longs cheveux d'Amours, vos bouquets effeuillés !

Ce jardin est à vous, enfants de la fortune.
Le petit mendiant à la plainte importune,
Le paria flétri, le pauvre à l'air hagard,
Ne viendront point ici troubler votre regard.
Tout est bien. On dirait, à voir ce sanctuaire,
Que c'est quelque séjour de bonheur que la terre !

Oui, la nature même, orgueilleuse une fois,
S'est vouée aux grandeurs. L'air embaumé du bois
Est un encens offert à l'aristocratie.
D'aspirer ses parfums la fleur la remercie.
Les voûtes de tilleuls, les chemins d'orangers,
Apaisent la chaleur sur les fronts ombragés
Que le vent, en courant, effleure de son aile.
Tout est bien, tout est beau... grâce à la sentinelle !

Oh ! combien, en ces lieux, les feuilles du printemps,
Qui pour si peu de jours ont déployé leurs tentes,
Verront se dérouler de scènes palpitantes,
Entendront de soupirs, entendront de serments !
Que d'amours voit passer cette ombre protectrice,
— Depuis l'amour léger, délicieux caprice,
Enfant de l'air qui jette en riant ses aveux
Quand le tilbury vole ou quand la valse glisse,
Vit de fleurs, de billets, de boucles de cheveux,
Puis bientôt s'évapore, en laissant pour mémoire
Un nom de plus inscrit aux tablettes d'ivoire,
— Jusqu'à cet autre amour, religieux, divin,
Qui va secrètement s'enfermer dans un sein
Comme le solitaire en sa grotte profonde,
Demeure toujours là, seul, ignoré du monde,
Puise aux pieds de son Dieu des transports ravissants,
Et lui fait de sa vie un éternel encens !

Oui, quand le rayon pâle et douteux de l'automne

De ces feuilles d'un jour flétrira la couronne,
A leur essaim, alors mourant, décoloré,
Et tombant sur mon front du haut des branches noires,
Je viendrai quelquefois demander des histoires,
Des histoires d'amour, et je les redirai...
. . . .

Ces histoires, nous ne les avons pas eues.

Mademoiselle Robert laissa tomber sa plume et renvoya la muse. Un grand chagrin venait de frapper sa vie.

Nous l'affirmerons sans crainte, dût notre héroïne le nier à outrance : chez la femme qui veut trancher de l'esprit fort, abdiquer son sexe, jeter par-dessus sa robe un manteau de philosophe, et s'appuyer sur le roseau vacillant de la raison, presque toujours il y a des luttes pénibles; un

retour forcé vers un état plus conforme à
la tendresse de sa nature, et certaines aspirations secrètes vers les lueurs de la
foi.

La mère de notre héroïne mourut, sa
mère, qui ne l'avait pas quittée depuis
l'enfance, et sur laquelle reposaient toutes
ses affections.

Ce fut une cruelle et terrible épreuve.

En ce monde, il y a des douleurs qu'aucune philosophie ne console, et qui nous
jettent forcément dans les bras de la religion.

Mademoiselle Robert, après avoir changé dix fois de résidence, ne parvient à déplacer ni sa tristesse ni ses angoisses.

Elle tout va à coup demander asile aux dames de l'Abbaye-aux-Bois.

Dans cette pieuse retraite, sa douleur se transforme en une mélancolie douce et pleine de résignation. Sa chambre, qui jadis fut une cellule, conserve un parfum d'inexprimable béatitude.

Quinze générations de saintes y ont laissé l'encens de leurs prières et le souvenir de leurs vertus.

Notre héroïne aperçoit de sa fenêtre le cloître couronné de son jardin silencieux, avec ses hautes arcades garnies de pampres, sous lesquelles passent en procession les religieuses, chantant les hymnes de la Fête-Dieu, ou conduisant, le cierge en main, dans son blanc cercueil, une de leurs compagnes au repos de la tombe.

Les dames pensionnaires accueillent la nouvelle venue de la façon la plus charmante.

Celle-ci, grâce à son humeur tranquille, à sa nature souple et cordiale, ne manque jamais, partout où elle se trouve, de conquérir la sympathie universelle.

Au jour de l'an, madame Récamier, qui habitait à l'Abbaye-aux-Bois un corps de logis séparé des religieuses, envoya une carte à mademoiselle Robert, dont elle entendait parler chaque jour avec de grands éloges.

Sans faire parade d'un orgueil ridicule, l'auteur des *Tombeaux de Saint-Denis* se tient constamment sur la défensive avec les personnes dont la fortune est trop au-dessus de la sienne.

On peut avoir beaucoup de douceur, beaucoup de bonté dans le caractère, et se montrer parfaitement rétive à toute espèce de courtisanerie.

La femme dont nous écrivons l'histoire n'a point les allures des bas.bleus mendiants, qui s'appliquent sans cesse à chercher dans un salon la rencontre de quelque ministre, afin de lui tirer de la poche une indemnité littéraire.

Elle ne cajole pas la puissance, elle ne fait jamais un pas du côté de la faveur.

Les avances du grand monde ne peuvent la séduire. Aussi renvoya-t-elle une simple carte en échange de celle qu'elle avait reçue.

Or presque aussitôt arriva dans sa chambre un vieux valet de pied de la reine de l'Abbaye-aux-Bois.

Il glissa ces mots câlins à notre héroïne :

— Madame pensait que vous seriez assez aimable pour lui faire visite. Elle m'a chargé de vous dire cela *comme de moi-même*. Tous les jours à midi on la trouve seule

A partir de ce moment, la politesse excluait toute résistance.

Le lendemain, à l'heure indiquée, mademoiselle Robert pénétrait dans ce pompeux salon de l'Abbaye, qui, tout en conservant son luxe et sa grandeur, subissait alors une éclipse affligeante.

Celle qui, dans ce magnifique séjour, avait vu toutes les illustrations de l'Europe à ses pieds, se trouvait dans un isolement presque absolu. La plupart de ses vieux amis avaient déjà quitté ce monde. Chateaubriand restait encore ; mais ce n'était plus qu'un fantôme, debout sur les ruines de sa grande intelligence éteinte.

Ballanche achevait de devenir sourd; Ampère était en Afrique.

La reine du logis perdait la vue, et les objets extérieurs, disparaissant autour d'elle, la plongeaient dans une plus morne solitude.

Il ne lui restait que ses vertus parfaites, sa bonté sans égale, sa charité toujours inépuisable.

« C'est la femme du monde, a dit mademoiselle Robert, qui a fait le plus de bien et qui a été le plus aimée. »

Veuve de sa cour, madame Récamier cherchait une amie, une confidente, qui pût l'entendre parler avec bonheur du passé splendide, avec tristesse du présent pénible.

Son choix s'était arrêté sur notre héroïne.

Elles ne se quittèrent plus.

Les yeux de cette reine en décadence ne pouvaient supporter la lumière. On fermait, de jour, tous les rideaux, et, le soir, à l'heure des réceptions, une lampe voilée servait seulement à diriger les visiteurs et à les empêcher de se heurter aux meubles.

Partout les ténèbres, partout une impression de souffrance.

On eût dit que ce beau salon, le plus célèbre et le plus couru du siècle, descendait à moitié chemin de l'escalier sinistre qui mène au caveau mortuaire.

Madame Récamier avait beaucoup aimé les fleurs; mais depuis longtemps elle ne supportait plus leur parfum. Celui des œillets étant le seul qu'elle pût souffrir encore, Ballanche ne manquait pas, depuis deux ans, de lui envoyer, chaque matin, une touffe d'œillets rouges. Mais, un jour, après avoir respiré le bouquet, elle ressentit une douleur violente à la tête, et donna l'ordre d'emporter le vase.

— J'en ai fini avec les fleurs, murmura-t-elle.

Pour madame Récamier comme pour ceux qui l'entouraient, tout était dans ce mot.

Elle donnait le signal du grand départ.

Chaque parole, à dater de ce jour, sembla devenir un adieu ; chaque mouvement fut un préparatif de mort. On classait les vieux papiers ; on préparait tout pour le soin de sa mémoire.

De quatre à six heures arrivaient les habitués.

Le salon de l'Abbaye-aux-Bois leur gardait invariablement la même place. Chateaubriand s'asseyait dans un grand fauteuil de velours rouge, qui ne servait jamais à d'autres qu'à lui ; Ballanche avait sa chaise à rayures jaunes et bleues, brodée par les mains de madame Récamier.

Le père des *Martyrs* arrivait avant tout le monde, parce que, depuis trente ans, on lui réservait, chaque soir, une heure de tête-à-tête.

Mais cette heure était alors bien assombrie.

Faculté, sentiment, souvenir, tout était mort chez l'auteur du *Génie du Christianisme.* Il ne lui restait que l'instinct de cacher cet anéantissement moral sous un complet silence.

On allait le chercher à l'entrée de l'appartement dans son fauteuil à roulettes; puis, à travers la salle à manger et le premier salon, deux domestiques l'amenaient jusque dans le salon d'honneur, où ils l'installaient à l'angle droit du foyer.

Là, son chapeau sur les genoux, il restait immobile et ne prononçait pas une parole.

Sa figure avait un cachet de beauté sévère que la vieillesse augmentait encore. A cette place, et sous les vives lueurs qui jaillissaient de l'âtre, sa tête blanche était magnifique.

Une heure après Chateaubriand, c'est-à-dire à quatre heures précises, on voyait entrer Ballanche, cet excellent homme que chacun disait composé de la *rognure des anges*.

Il n'en montrait pas moins quelques petits défauts. Dieu seul est parfait. Les anges peuvent avoir leurs travers.

Arrivaient ensuite M. Pasquier, M. de Noailles, et toutes les autres connaissances intimes.

Dix années plus tôt, Chateaubriand avait dit du cercle : « C'est l'endroit où il y a le plus d'esprit et le moins de prétention. » Mais, au terme où nous en sommes de cette histoire, on pouvait retourner le mot.

L'habitude de se poser en aréopage subsistait toujours.

Seulement les aréopagites avaient perdu leur auréole intellectuelle. Éclat d'esprit, force de jugement, tout disparaissait à la fois de ce cénacle valétudinaire. On prononçait encore *nous* avec un ton superbe, et ce *nous* marchait, hélas! à la tête de bien tristes appréciations!

Au loin, cependant, le cercle avait gardé son prestige.

Comme autrefois, d'illustres étrangers tenaient à honneur d'y être admis, et nos jeunes célébrités elles-mêmes en demandaient le chemin.

Dans les beaux jours de l'Abbaye-aux-Bois, les Montmorency, les Benjamin Constant, les hommes d'opinions les plus contraires, se rencontraient sans péril au salon de madame Récamier. L'esprit doux et fin de la déesse du lieu semblait y afficher un perpétuel armistice.

Elle disait que les femmes devaient

jouer le rôle du coton, qui empêche les angles de se heurter.

Lorsqu'il y avait menace de querelle, on parlait *chocolat*.

Ceci avait été inventé pour MM. Pasquier et Chateaubriand, vers 1832, époque où la politique les mettait en guerre ouverte, et où ils se montraient fort exaspérés l'un contre l'autre.

Un soir, au moment où l'on s'y attendait le moins, ils se rencontrent à l'Abbaye.

Madame Récamier frissonne.

Heureusement ces fougueux adversaires ont une sympathie commune dans laquelle ils viennent se fondre : ils aiment passionnément tous deux le chocolat. Madame Récamier s'empresse d'établir une dissertation sur cette précieuse pâte alimentaire, et nos antagonistes se trouvent en parfait accord.

Depuis, on nomma *chocolat* tout sujet d'entretien qui devait inévitablement calmer les cerveaux.

La recette dut plus d'une fois être employée en 1848, autre époque de haine, où d'autres ennemis pouvaient à chaque minute se montrer dans le cercle. Le prince Louis-Napoléon Bonaparte et M. de Lamartine, tous deux candidats présidentiels, vinrent le même jour, à un quart d'heure de distance, présenter leurs hommages à madame Récamier.

Cette sage et prudente habitude de parler *chocolat* pour mettre obstacle aux querelles politiques était, du reste, tout ce que l'Abbaye-aux-Bois avait conservé de ses beaux jours.

L'ennui et les ténèbres envahissaient de plus en plus le présent.

Clémence Robert préférait aux heures de réception celles où madame Récamier l'honorait de ses entretiens intimes.

On allait s'enfermer dans la bibliothèque, ouverte sur le jardin.

Là, notre héroïne recevait la clef d'un portefeuille mystérieux contenant les anciennes correspondances de la reine de l'Abbaye avec madame de Staël, le prince Lucien Bonaparte et l'auteur d'*Atala*.

Prenant toutes ces lettres l'une après l'autre, elle les relisait à sa vieille amie, dont l'œil éteint ne pouvait plus interroger des pages si chères. Elle lui rendait son passé brillant, avec ses nobles affections et les joies enivrantes du souvenir.

Cela dura jusqu'au jour où tout s'en alla de ce monde.

Ballanche mourut en 1847, Chateaubriand en 1848, et le choléra de 1849 emporta madame Récamier. Une fois cette dernière tombe recouverte, le salon de l'Abbaye-aux-Bois ferma ses portes.

Depuis longtemps déjà mademoiselle Robert avait quitté son asile pieux.

Jusqu'au dernier souffle de la reine du cercle, elle continua de la visiter chaque soir ; mais elle n'entretenait plus aucune relation avec les religieuses, dont elle avait perdu l'estime à partir du moment où le secret de son métier de femme de lettres s'était trahi.

Ce jour-là, Clémence Robert put entendre le cloître entier crier au scandale.

On ne s'expliquait pas une telle profanation.

Nos saintes filles songèrent à une médaille de la Vierge, alors très-répandue dans le monde catholique. Cette médaille, posée sur la poitrine d'une des sœurs paralysée de tous ses membres, l'avait subitement guérie. Ne pouvait-elle accomplir un second prodige?

La supérieure fit inviter Clémence Robert à passer dans sa cellule, et lui présenta l'une des médailles miraculeuses, en la suppliant de vouloir bien la porter au cou.

Mais notre héroïne en était revenue malheureusement à ses anciennes allures d'esprit fort.

— Je devine ce dont il s'agit, ma sœur, et je vous sais gré de l'intention, répondit-elle. Mais, franchement, je n'ai pas une foi bien entière en l'efficacité du remède. Puisque des volumes de roman ne peuvent sortir de votre maison, — j'aurais dû songer moi-même à cette inconvenance! — permettez-moi de vous dire adieu. Je vais choisir un appartement dans quelque rue voisine, sans renoncer pour cela, comme de juste, à mes amitiés de l'Abbaye.

Le soir même, une voiture de déménagement emportait les meubles de mademoiselle Robert.

Ayant assez admiré le cloître et les roses blanches du jardin des religieuses, elle ne revit pas sans plaisir ce ruisseau des rues de Paris, que madame de Staël préférait au lac de Genève.

Si elle avait pensé jadis à se convertir, elle n'y songeait plus le moins du monde.

Par exemple! est-ce que la république ne venait pas d'être proclamée? la république, son idéal, le rêve sublime de son enfance!

Mademoiselle Robert eut pendant un mois la tête en feu.

Le ciel nous préserve aujourd'hui de sonder son âme et de chercher quelle amertume a dû succéder à tant de joie!

Fière et digne républicaine, elle n'avoue ni ses regrets ni ses espérances.

Tous les amours ont leur pudeur.

Clémence Robert est loin d'avoir fait fortune avec ses œuvres. Elle en abandonne presque tout le bénéfice aux libraires qui s'occupent de propager sa réputation d'écrivain.

Retirée dans un logement d'une simplicité modeste, elle méprise le luxe, trop souvent fatal aux artistes.

Une petite rente, qu'elle tient de la succession paternelle, suffit à ses besoins.

Jamais un créancier ne frappe à sa porte ; jamais la main brutale des huissiers n'est venue s'abattre sur les meubles héréditaires, qu'elle conserve pieusement..

Elle vit retirée dans sa chambre, comme dans un coquillage, entre sa plume et ses manuscrits.

De temps à autre peut-être, une larme vient mouiller sa paupière, quand elle songe au temps heureux où Gabriel Roux vendait ses feuilletons à M. Bareste, rédacteur en chef du journal la *République*.

Ah! mademoiselle, aujourd'hui ce républicain farouche réalise à la Bourse des fins de mois brillantes.

Jugez-les donc un peu, ces nobles apôtres!

Réfléchissez, pesez le pour et le contre. Ne vous obstinez pas, avec votre âme généreuse et votre cœur de femme, à de condamnables écrits, qu'on vous dicte, mademoiselle, dans un but honteux d'exploitation populaire.

Un jour viendra, retenez la prophétie, où le sentiment évangélique, développé chez vous, et qui se trahit dans chacune de vos pages, triomphera des ténèbres dont on vous entoure. Alors nous vous verrons, comme Magdeleine pénitente, pleurer vos fautes et vous frapper la poitrine, dans les élans du repentir.

On assure que déjà mademoiselle Robert s'écarte des maximes socialistes, et qu'elle écrit, en ce moment, les aventures de la tour Saint-Jacques et du pont Neuf.

En effet, il nous semble difficile de glisser dans des ouvrages de ce genre la moindre fantaisie démocratique et sociale.

Puisse, cette fois, mademoiselle, votre conversion être aussi durable que sincère!

Allez en paix, et ne péchez plus!

FIN.

Je ne peux pas dire qu'il y ait plus de morale dans cette maison, ni
plus de gaieté, que dans les villes, mais il y a plus de populations ; vous entendrez à chaque instant dans les maisons,
un bruit d'enfants ; dans les villes on ne voit que des femmes
cherchant à paraître les mêmes ; la gaieté ; le cotion, les fards
partout les paraissent. Le peuple qui travaille, le peuple — qui
chaque jour sort cependant...

Edouard Robert

LES
CONTEMPORAINS

PAR

EUGÈNE DE MIRECOURT

Le succès immense qui vient d'accueillir la *première série* de cette œuvre intéressante, et les nombreux tirages qui se succèdent, permettent à l'éditeur d'apporter à la *deuxième série* des perfectionnements notables. Le papier est plus beau et plus fort, le texte est imprimé en caractères neufs, les portraits et les autographes sont améliorés; en un mot, tout se réunit pour offrir au public un volume de luxe.

M. Eugène de Mirecourt a tenu toutes ses promesses. Il se distingue parmi les rares écrivains qui, dans ce siècle, ont le courage de la vérité. Sa plume esquisse énergiquement chaque biographie. Elle dispense le blâme et l'éloge avec une impartialité contre laquelle se révoltent les amours-propres blessés et les passions de parti, mais que les cœurs honnêtes, que les consciences droites approuvent.

L'intérêt puissant de ces petits livres, la multiplicité des détails anecdotiques, les mots charmants dont ils abondent, leur style vif, châtié, plein de couleur, le scrupule avec lequel M. de Mirecourt contrôle les notes et les renseignements qui lui sont fournis, tout rassure depuis longtemps le lecteur et lui prouve que jamais galerie contemporaine n'a été plus curieuse et plus complète.

Sont en vente, dans la *première série*, les volumes consacrés à **Méry, — Victor Hugo, — Émile de Girardin, — George Sand, — Lamennais, — Béranger, — Déjazet, — Guizot, — Alfred de Musset, — Gérard de Nerval, — A. de Lamartine, — Pierre Dupont, — Scribe, — Félicien David, — Dupin, — le baron Taylor, — Balzac, — Thiers, — Lacordaire, — Rachel, — Samson, — Jules Janin, — Meyerbeer, — Paul de Kock, — Théophile Gautier, — Horace Vernet, — Ponsard, — Mme de Girardin, — Rossini, — François Arago, — Arsène Houssaye, — Proudhon, — Augustine Brohan, — Alfred de Vigny, — Louis Véron, — Paul Féval, — E. Gonzalès, — Ingres, — Eugène Sue, — Rose Chéri, — Berryer, — Rothschild, — Sainte-Beuve, — Francis Wey, — Frédérick-Lemaître, — Louis Desnoyers, — Alphonse Karr, — Alexandre Dumas fils, — Champfleury, — Léon Gozlan, — Alexandre Dumas, — Veuillot.**

La *deuxième série* contiendra les notices consacrées aux personnages suivants :

Salvandy, — Mlle Georges, — Henry Murger, — Odilon Barrot, — Raspail, — Hippolyte Castille, — Bouffé, — Musard, — Cormenin, — Montalembert, — Gavarni, — Michelet, — Plessy-Arnould, — Cavaignac, — Arnal, — de Morny, — Granier de Cassagnac, — Jules Sandeau, — Grassot, — Marie Dorval, — Crémieux, — Ligier, — Cousin, — Beauvallet, — Louis Blanc, — Persigny, — Frédéric Soulié, — Villemain, — Ravel,

la Guerronnière — Mᵐᵉ Ancelot, — Considérant, — Saint-Marc Girardin, — Quinet, — Émile Augier, — Ledru-Rollin, — Villiaumé, — Caussidière, — Louise Collet, — Bocage, — Madeleine Brohan, — Eugène Delacroix, — Roger de Beauvoir, — Changarnier, — Gustave Planche, — Ricord, — Bressant, — Mélanie Waldor, — Vaulabelle, — Louis Reybaud, — l'abbé de Ravignan, — Camille Doucet, — Mérimée, — Nadar, — Eugène Guinot, — Courbet, — Fiorentino, — Barbès, — Blanqui, — l'abbé Dupanloup, — Baroche, — Henry Monnier, etc., etc. Il y aura, comme dans la *première série*, des volumes collectifs, contenant double portrait et double autographe.

CONDITIONS DE LA SOUSCRIPTION.

Le prix de chaque volume est de cinquante centimes.

On souscrit, pour les collections complètes, chez l'éditeur Gustave Havard, rue Guénégaud, 15, à Paris.

En envoyant un mandat de vingt-cinq francs sur la poste, on recevra *franco* par les Messageries les cinquante volumes de la *première série*. — En envoyant un mandat de trente francs, on recevra *franco* les volumes de la *seconde série*, le jour même de leur publication. (La différence du prix tient aux frais de poste.)

En envoyant un mandat de cinquante-cinq francs, on recevra la *première série* tout entière, et chaque volume de la *seconde*, à mesure qu'il paraîtra.

Les personnes qui souscriront aux *deux séries*, c'est-à-dire à la collection de cent volumes, auront le droit de choisir comme prime vingt exemplaires des livres mentionnés ci-dessous :

LES LORETTES DE PARIS, dessin par Andrieux.
LES ACTRICES DE PARIS, —
LES BOURSIERS DE PARIS, —
LES ÉTUDIANTS DE PARIS, —

LES COMÉDIENS DE PARIS, dessin par Andrieux
LA BOHÈME DE PARIS, —
LES SGANARELLES DE PARIS, —
LES GRISETTES DE PARIS, —
LES FAUBLAS DE PARIS, —
LES PROPRIÉTAIRES DE PARIS, —
LES FUMEURS DE PARIS, —
LES RESTAURANTS DE PARIS, —
PARIS LA NUIT, par E. de Mirecourt, dessin par C. Fath.
L'OPÉRA, par Roger de Beauvoir, dessin par C. Fath.
LE PÈRE-LACHAISE, par Benjamin Gastineau. —
LE MONT-DE-PIÉTÉ, par E. de Mirecourt, dessin par J.-A. Beaucé.
LE LUXEMBOURG, par Maurice Alhoy, dessin par C. Fath.
LE PALAIS-ROYAL, par Louis Lurine, dessin par J.-A. Beaucé.
LE CARNAVAL, par Benjamin Gastineau, dessin par J.-A. Beaucé.
LES TUILERIES, par J. Lemer, dessin par C. Fath.
LES HALLES, par A. de Bargemont. —
LE JARDIN DES PLANTES, par Ch. Deslys, dessin par J.-A. Beaucé.
LE PANTHÉON, par Émile de Labédollière, dessin par J.-A. Beaucé.

Ceux des souscripteurs qui ont déjà reçu la prime donnée avec la *première série* n'auront droit qu'à dix exemplaires seulement.

Les volumes de la collection contemporaine de M. Eugène de Mirecourt continueront de paraître régulièrement le 15 et le 30 de chaque mois.

GUSTAVE HAVARD.

PARIS. — IMP. SIMON RAÇON ET COMP., RUE D'ERFURTH, 1.

www.ingramcontent.com/pod-product-compliance
Lightning Source LLC
LaVergne TN
LVHW050638090426
835512LV00007B/916